市域铁路通信系统工程
施工工艺标准化图集

池绵绵　孔国权　于斌山　**编著**

西南交通大学出版社
·成　都·

图书在版编目（CIP）数据

市域铁路通信系统工程施工工艺标准化图集 / 池绵绵，孔国权，于斌山编著. --成都：西南交通大学出版社，2024.1

ISBN 978-7-5643-9590-2

Ⅰ. ①市… Ⅱ. ①池… ②孔… ③于… Ⅲ. ①铁路信号 – 信号系统 – 工程施工 – 标准化 – 温州 – 图集 Ⅳ. ①U282-65

中国国家版本馆 CIP 数据核字（2023）第 229782 号

Shiyu Tielu Tongxin Xitong Gongcheng Shigong Gongyi Biaozhunhua Tuji

市域铁路通信系统工程施工工艺标准化图集

池绵绵　孔国权　于斌山　　**编著**

责任编辑	梁志敏
封面设计	吴　兵

出版发行	西南交通大学出版社 （四川省成都市金牛区二环路北一段 111 号 西南交通大学创新大厦 21 楼）
邮政编码	610031
营销部电话	028-87600564　028-87600533
网址	http://www.xnjdcbs.com
印刷	成都市新都华兴印务有限公司

成品尺寸	185 mm×260 mm
印张	5.25
字数	127 千
版次	2024 年 1 月第 1 版
印次	2024 年 1 月第 1 次
定价	32.00 元
书号	ISBN 978-7-5643-9590-2

课件咨询电话：028-81435775

编委会名单

前 言
PREFACE

　　《市域铁路通信系统工程施工工艺标准化图集》结合了温州市域铁路 S1 线一期工程和 S2 线一期工程"四电"专业建设经验，是温州市建设标准化管理体系的重要组成部分，旨在规范和统一温州市轨道交通工程建设施工工艺标准，全面提升工程施工质量，为后续温州轨道交通工程及全国市域铁路工程建设提供参考与指导，彰显温州轨道交通工程建设质量。

　　图集主要服务于施工现场工程技术和作业人员，每项作业内容包含工艺标准、安装示意图并配以工程实物图，力求结构简洁、文字简练、通俗易懂，采用图文并茂的形式，以方便现场施工人员学习和掌握。

　　图集主要包含线路安装工艺、机房安装工艺、车站安装工艺、安装效果图等 4 类 21 项内容。

　　现场技术人员在使用图集时，应根据工程建设实际情况和设计文件规定，结合建设、设计、监理、维保等单位要求，制定合适的现场施工方案。使用同时应符合届时的城市轨道交通信号专业施工技术规程、施工验收标准和其他相关规定。

　　图集在编制过程中，得到了温州市交通工程管理中心、中国铁路通信信号上海工程局集团有限公司、浙江众合科技股份有限公司、中铁第四设计勘察院集团有限公司等单位的大力支持与帮助，在此表示衷心的感谢。由于水平有限、时间紧迫，书中难免有疏漏和不足之处，敬请广大读者在实践中予以完善并提出批评与建议。

编 者

2023 年 7 月

目 录

CONTENTS

一、线路安装

1.1　电缆支架安装

工艺要求

（1）电缆支架安装应根据隧道壁（区间）结构进行测量定制。

（2）支架安装高度及间距符合设计要求，锚栓距隧道管片接缝不少于 50 mm，并避开钢筋位置。

（3）安装前应在隧道壁上弹出安装高度基准线，并用十字点标注膨胀螺丝安装位置，安装后不得超出隧道限界范围。

（4）电缆支架固定采用 M12 膨胀螺栓，开孔应垂直于隧道壁，孔眼平直，不得呈喇叭状；当电缆支架不能紧贴隧道壁时，应加装垫片螺母，防止套管松脱，可拆卸托臂应有固定装置，防止掉落。

（5）电缆支架安装在隧道内径变化处时，可使用 50 mm × 5 mm 角钢固定在径路两端，电缆支架固定在角钢上。

（6）高架区间电缆托架应固定牢固，紧贴区间立柱。

（7）安装时不得损坏镀锌层，垂直偏差不大于 3 mm。

（8）支架之间应采用 40 mm × 4 mm 镀锌扁钢连接，并在车站段与综合接地体连接。

示意图

电缆支架安装示意图如图 1-1、图 1-2 所示。

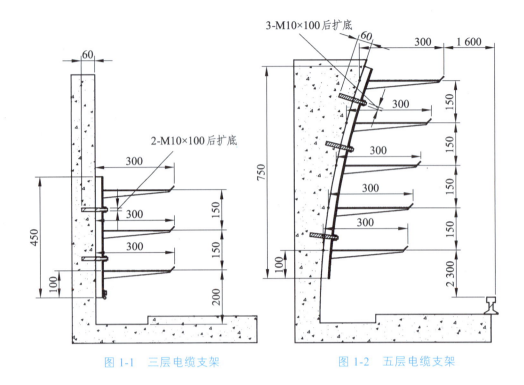

图 1-1　三层电缆支架　　　　　　　　图 1-2　五层电缆支架

实物图

电缆支架安装实物图如图 1-3、图 1-4 所示。

图 1-3　盾构隧道支架安装

图 1-4　矩形隧道支架安装

1.2　区间缆线敷设绑扎

工艺要求

（1）光电缆敷设前应进行单盘测试，测试性能指标合格后方可进行敷设。

（2）光电缆敷设前需核实盘号、盘长，确认 A、B 端。

（3）光电缆在电缆支架上应摆放整齐，自然伸展应力释放，遇有弯曲拱起现象应放平。

（4）施工中应保证光电缆外护层（套）完整无损坏，不得出现急弯、扭转等现象，不得使缆受冲击和重物碾压。

（5）光电缆在支架上的位置应按规划放置，多条光电缆在电缆支架敷设时，不得重叠交叉和扭绞。

（6）光电缆敷设完毕后，在电缆间、隧道进出口、人防门等特殊地段应做好余留，设置原则应符合相关要求。

（7）光电缆每隔 100 m 挂设标识标牌，在电缆井、电缆间等应加设标识标牌。

示意图

区间缆线敷设绑扎示意图如图 1-5 所示。

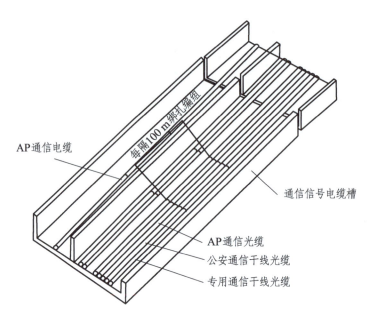

图 1-5　区间缆线敷设示意图

实物图

区间缆线敷设绑扎实物图如图 1-6～图 1-9 所示。

图 1-6　区间线缆绑扎

图 1-7　区间线缆绑扎

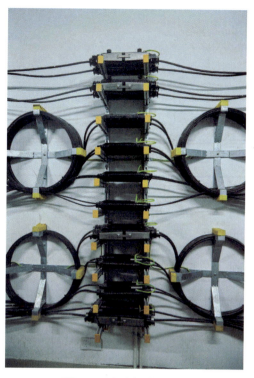

图 1-8　电缆间绝缘节安装

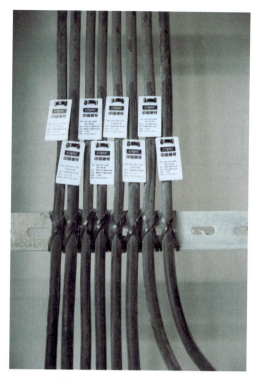

图 1-9　区间线缆绑扎

1.3　光电缆管道敷设

工艺要求

（1）敷设前，应对敷设管孔进行疏通，对人孔进行清扫；清除管孔中的淤泥或异物；当管孔出现障碍时，应作修复处理。

（2）光电缆敷设通过人（手）孔时避免直线通过，应紧贴人孔侧壁，绑扎在托板（托架）上，最小弯曲半径不得小于光电缆外径的 15 倍。

（3）光电缆在管孔内不得有接头，余留的光电缆和接头应放在人井支架上予以固定保护。

（4）光缆敷设采用人工或机械牵引时，牵引张力不应大于光缆允许张力的 80%，瞬间最大牵引力不得大于光缆允许张力。

（5）光电缆敷设完毕后，在电缆井、人井、人孔等处应做好余留，设置原则应符合相关要求。

（6）光缆在敷设完毕后，应悬挂或固定光缆标识标牌，管道光缆径路上的每处电缆井进、出口均应放置。

（7）完成敷设工作后应清扫现场，并将管孔进出口封堵严密。

示意图

光电缆管道敷设示意图如图 1-10、图 1-11 所示。

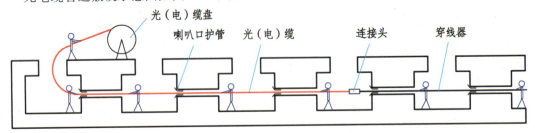

图 1-10　光电缆人工敷设示意图

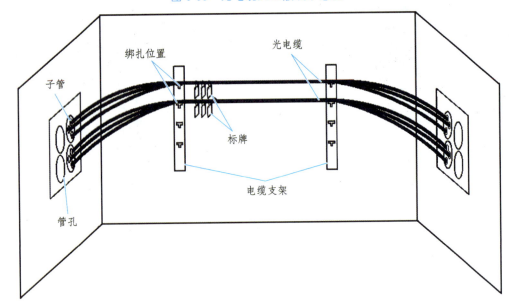

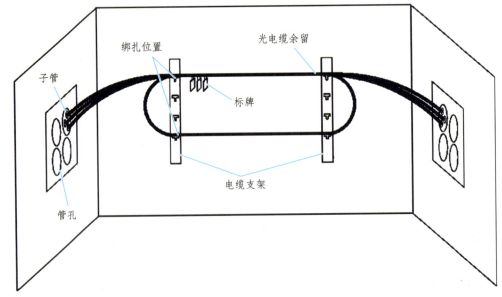

图 1-11　人（手）孔内缆线敷设示意图

实物图

光电缆管道敷设实物图如图 1-12～图 1-15 所示。

图 1-12　人井内光电缆敷设

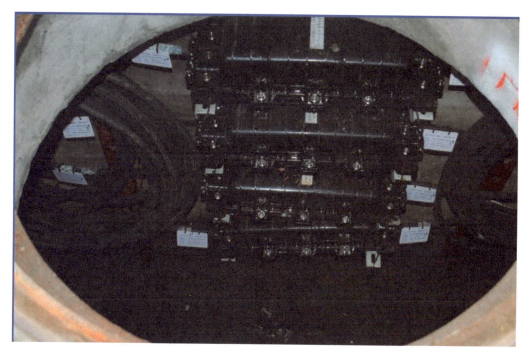

图 1-13　人井内接头盒安装

图 1-14　管道敷设

图 1-15　夹层绝缘节安装

1.4　漏缆安装

（1）漏泄同轴电缆（以下简称漏缆）安装挂高应符合设计要求，敷设中严禁剧烈弯曲，需满足最小弯曲半径。

（2）漏缆与牵引供电设备带电部分的距离不得小于 2 m。

（3）安装前应在隧道壁上画出卡具底座高度基准线，并用十字点标注卡具位置，多条基准线应保持平行，卡具上下对齐间距 1 m，防火吊夹间距应符合设计要求。

（4）漏缆卡具在墙体上应垂直钻孔，孔眼要求平直，不得呈喇叭状。

（5）用吹灰器将孔内粉尘清除干净，按顺序安装涨栓、固定座、卡具。

（6）敷设过程漏缆不得拖地，以免损伤漏缆。

（7）漏缆吊挂时，钢丝承力索应加 3 000 N ± 30 N 的张紧力，吊挂后漏缆垂直度应保持在 150 ~ 200 mm 范围内（20 ℃时）。

（8）漏缆在隧道内吊挂经过风孔或隧道内径发生变化时，可使用 50 mm × 5 mm 的角钢固定在漏缆敷设径路上，漏缆卡具安装在角钢上。

（9）角钢固定或钢绞线吊挂漏缆时，固定螺栓均应采用热镀锌双螺母。

（10）高架区间漏缆卡具安装在电缆支架上方的角钢支座上，并不影响区间设备及声屏障的安装。

（11）漏缆泄漏口（与标志线相反侧）朝向列车方向。

（12）两段漏缆接头使用 1/2 射频跳线，跳线长度适宜，连接处缠防水胶带，连接好后盘圈固定在隧道壁上，圈直径一般为 350 ~ 400 mm。

（13）按设计要求做好接续接地。

漏缆安装示意图如图 1-16 ~ 图 1-18 所示。

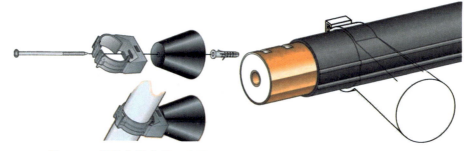

图 1-16　漏缆卡具安装示意图　　　图 1-17　漏缆泄露方向示意图

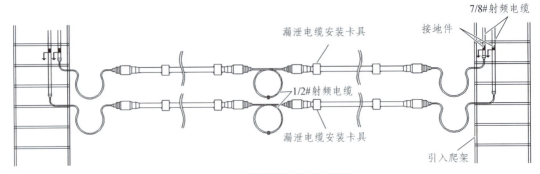

区间漏缆接续示意图标注：7/8#射频电缆、接地件、漏泄电缆安装卡具、1/2#射频电缆、漏泄电缆安装卡具、引入爬架

图 1-18   区间漏缆接续示意图

实物图

漏缆安装实物图如图 1-19、图 1-20 所示。

图 1-19   漏缆敷设

图 1-20   漏缆接头及接地

1.5　无线接入点（AP）设备安装

工艺要求

（1）AP箱安装在区间2个弱电支架水平位置的中间，AP箱体上沿宜与弱电托板托架水平线齐平。

（2）AP天线安装在AP箱体两侧或上方，安装高度根据系统设计确定。AP天线固定在同一水平面，AP天线馈线用抱箍固定在隧道壁上，抱箍间距宜为300 mm。

（3）若AP光缆分歧盒安装在AP箱体外侧，采用支架固定，支架水平位置距AP箱侧边约55 cm。

（4）AP箱进线口加装防水接头。

示意图

AP设备安装示意图如图1-12所示。

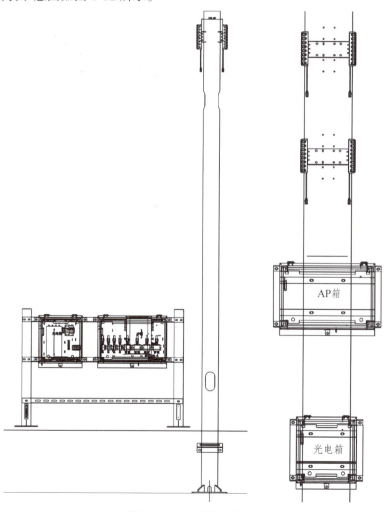

图1-21　AP设备示意图

实物图

AP 设备安装实物图如图 1-22～图 1-29 所示。

图 1-22　区间 AP 箱安装

图 1-23　区间 AP 杆安装

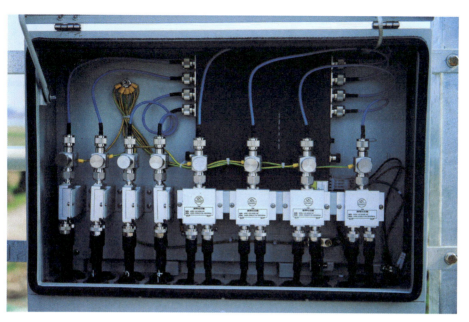

图 1-24　区间 AP 箱成端

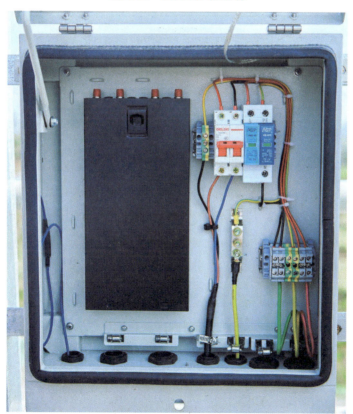

图 1-25　区间光电箱成端

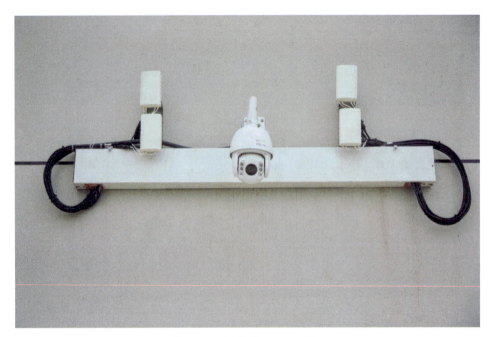

图 1-26　场段库外 AP 安装

图 1-27　场段库内 AP 安装

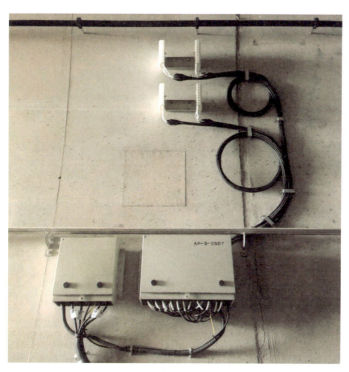

图 1-28　隧道 AP 安装

图 1-29　区间 AP 安装

二、机房安装

2.1　机房走线槽（架）安装

工艺要求

（1）走线槽固定应满足以下要求：

①　走线槽和下走线架需与支腿连接，用膨胀螺栓固定在地面上，支腿高度根据防静电地板高度确定，一般为 50 mm，支腿间距 1.2 m。

②　上走线架安装在机柜正上方，走线架下沿距机柜顶面一般为 200 mm，两端可固定在墙上，吊杆间距不大于 2 m，转弯处、三通处吊杆适当加密，跨距过大部分加支腿支撑，并固定在机柜上。

（2）下走线槽、架的安装应横平竖直，排列整齐，以设备底座为参考，向外 100 ~ 150 mm，预留防静电地板支腿安装位置；走线槽、架的边应成一直线，其偏差不应大于 3 mm。

（3）机柜前后进出线三通宜工厂定制，长度应与机柜宽度一致。

（4）线槽采用螺栓连接或固定时，必须采用平滑的半圆头螺栓，螺母应在线槽的外侧。

（5）走线架、走线槽就近采用 16 mm 以上接地电缆接入通信地线盘，每节走线架（槽）之间电气连通。

（6）光电缆走线架、走线槽穿过楼板孔或墙洞处，应进行防火封堵。

示意图

机房走线槽（架）安装示意图如图 2-1 所示。

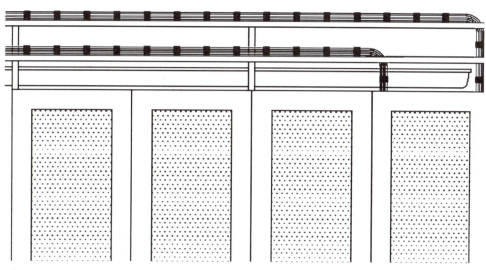

图 2-1 机房走线槽、尾纤槽示意图

实物图

机房走线槽（架）安装实物图如图 2-2、图 2-3 所示。

（a）

（b）

图 2-2　尾纤槽安装

（a）

（b）

图 2-3　走线架安装

2.2　底座、机柜安装

工艺要求

（1）机柜底座一般采用角钢制作，UPS、电池组等设备底座宜采用槽钢制作，根据设备用房地板承重能力设置应力扩散架。

（2）底座加工应根据机柜底面实际测量，不得采用柜体标称尺寸，底座高度与机柜连接面宜比实测尺寸小 5 mm，底座安装后应与机房防静电地板平齐。

（3）底座焊接处的焊渣必须清除并打磨光滑，底座刷漆或镀锌防腐处理。

（4）安装位置符合设计要求，用 M12 的膨胀螺栓固定底座，安装时先把底座排列整齐，用记号笔对着底座的 4 个安装孔在地上画上打眼标记，画好后搬开底座，用直钢尺和记号笔在画好的圆圈中心画"十"字线，打眼时电锤应垂直对准"十"字线中心，打孔深度为膨胀螺栓套管长度和锥头之和，孔眼垂直，不得呈喇叭状。

（5）孔内粉尘清除干净，用橡皮锤将膨胀螺栓轻敲入孔内，套管应全部没入孔内。取下螺母，将设备底座对地安装孔套入膨胀螺栓，在膨胀螺栓上依次套上平垫片、弹簧垫片、螺母，随后锁紧螺母。

（6）相邻底座要排列整齐，同一列底座的正面一侧应平直成一条直线，使用金属垫铁调平，用水平尺测量。

（7）用 M10 螺栓将机柜固定在底座上，机架必须安装牢固、美观，做到横平竖直，前后左右的倾斜偏差小于机架身长的 1‰。

示意图

底座、机柜安装示意图如图 2-4 所示。

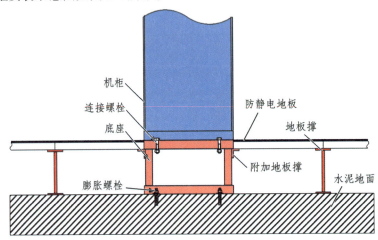

图 2-4　设备底座、机柜固定示意图

实物图

底座、机柜安装实物图如图 2-5、图 2-6 所示。

（a）

（b）

（c）

图 2-5　底座安装

图 2-6　机柜安装

2.3 线缆槽（架）内绑扎

工艺要求

（1）线缆应采用设备自带的电源线及配线电缆，保证施工整齐美观。

（2）设备数据线、电源线和地线应分开布放；若必须在同一槽道内，线缆间距应符合规范要求，使用同一线槽应分别敷设在隔断的两侧。

（3）光纤跳线应在光纤槽内单独布放；在走线架或槽道内应加套管保护，不得挤压、扭曲；绑扎光纤宜使用魔术带，松紧适度。

（4）线缆布放时应顺直、整齐，无交叉、扭绞，线缆弯曲时应均匀、圆滑一致，弯曲半径符合规范要求，不应直角转弯或起伏不平。

（5）固线器根据线径合理选择，固定间距约 300 mm，线缆固定后应松紧适度、自然顺直。

示意图

线缆槽（架）内绑扎示意图如图 2-8 所示。

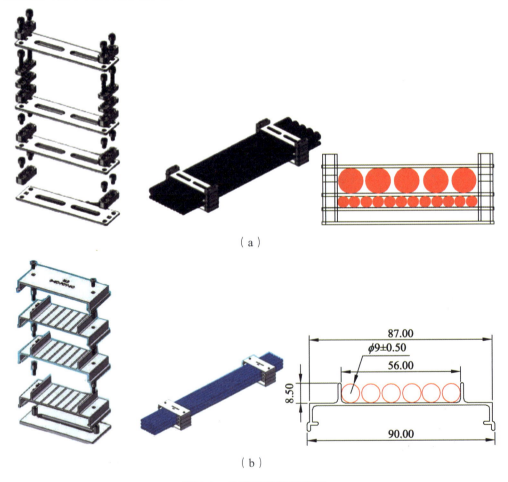

（a）

（b）

图 2-7　电缆固线器示意图

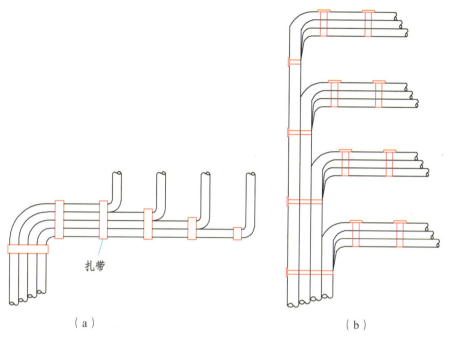

（a）　　　　　　　　　　　　　　　　　　　（b）

图 2-8　电缆扎带捆扎示意图

实物图

线缆槽（架）内绑扎实物图如图 2-9 所示。

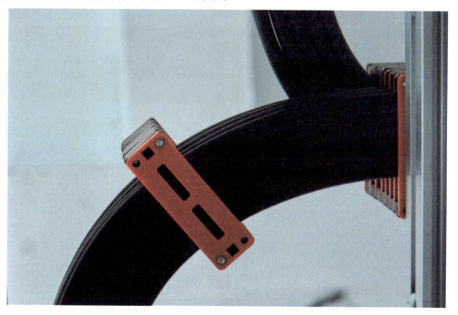

（a）

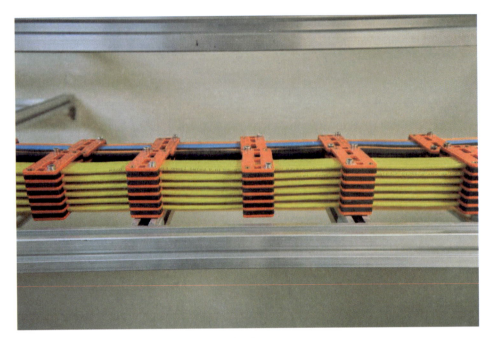

（b）

（c）

（d）

（e）

（f）

图 2-9　线缆绑扎

2.4　设备配线

工艺要求

（1）根据施工图纸标明的规格选用配线，根据施工图纸标明的径路估算配线长度进行裁剪。

（2）配线电缆不得破损、发霉和受潮，外皮应完整，中间严禁接头。

（3）数据配线与电源线严禁绑扎在同一线束内，间距应符合规定。

（4）柜内配线应横平竖直，绑扎均匀，弯曲应圆滑，弯曲半径应符合要求：

① 大对数对绞电缆的弯曲半径应大于电缆外径的 10 倍。

② 非屏蔽对绞电缆的弯曲半径应大于电缆外径的 5 倍。

③ 同轴电缆的弯曲半径应大于电缆外径的 15 倍。

④ 室内光缆的弯曲半径应大于光缆外径的 15 倍。

⑤ 光纤跳线的弯曲半径应大于 50 mm。

（5）各种配线应按顺序出线，布放应顺直、整齐，无扭绞、交叉，绑扎间隔均匀，松紧合适，塑料扎带头应剪齐并放在隐蔽处。

（6）布线应尽量短而整齐，接入设备或配线架时，应留有一定的余量，长度统一。

（7）光纤跳线宜采用魔术带绑扎，松紧适度。

（8）各种缆线连接到设备后，缆线绑扎应方便插拔、不影响板卡扩容。

（9）敷设好的配线两端应贴有标签，标明型号及起止设备名称等必要的信息；标签应选用不易损坏脱落的材料。

设备配线实物图如图 2-10～图 2-17 所示。

图 2-10　设备配线

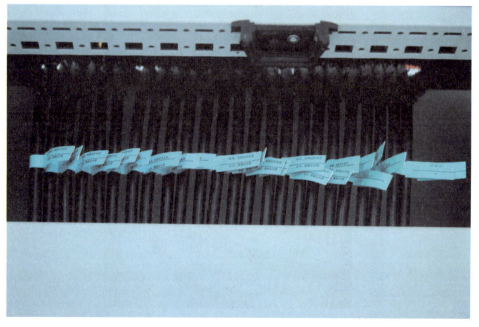

图 2-11　视频柜设备配线

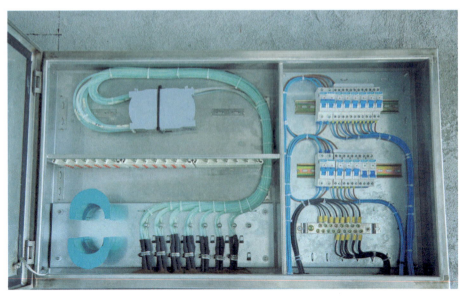

图 2-12　夹层光交箱配线

图 2-13　网络安全设备配线

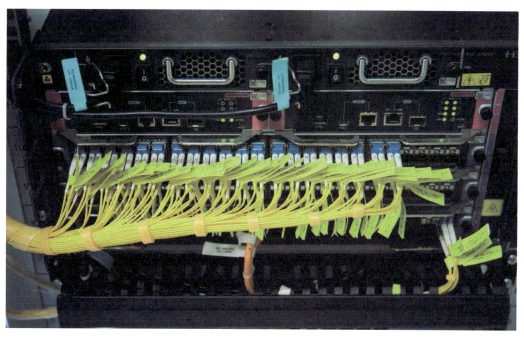

图 2-14 乘客设备配线

图 2-15 视频配电箱配线

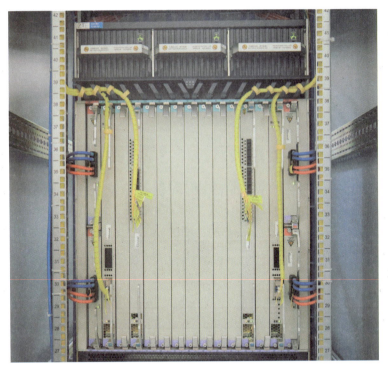

图 2-16　传输设备配线

图 2-17　传输系统设备配线

2.5　电源系统安装

工艺要求

（1）车站通信电源蓄电池组应安装在配套的电池架（柜）上。

（2）配电柜电源线配线应根据设备内部格局进行合理布置，电源线宜从要成端的空开后面进行绑扎，到成端位置出线，一般宜下垂 100～120 mm 后向上反转接至相应位置（弯曲半径宜为 30～40 mm），各条线弯曲弧度应一致。

（3）蓄电池架的材质、规格、尺寸、承重应符合安装蓄电池的要求。蓄电池架排列平整稳固，水平偏差不大于每米 3 mm。

（4）蓄电池各列应排放整齐，前后位置、间距适当，每列外侧应在一条直线上。电池单体应保持垂直和水平，底部四角均匀着力。

（5）电池之间的连接应平整，连接螺栓、螺母应拧紧，并在连接条和螺栓、螺母上加装绝缘帽。

（6）各组电池应根据馈电母线走向确定正负极出线位置，安装蓄电池所用的工具应注意绝缘，防止短路，注意正、负极性标志，连接电缆应尽可能短。

（7）配电柜、UPS 及电池架应按设计要求接地。

示意图

电源系统安装示意图如图 2-18、图 2-19 所示。

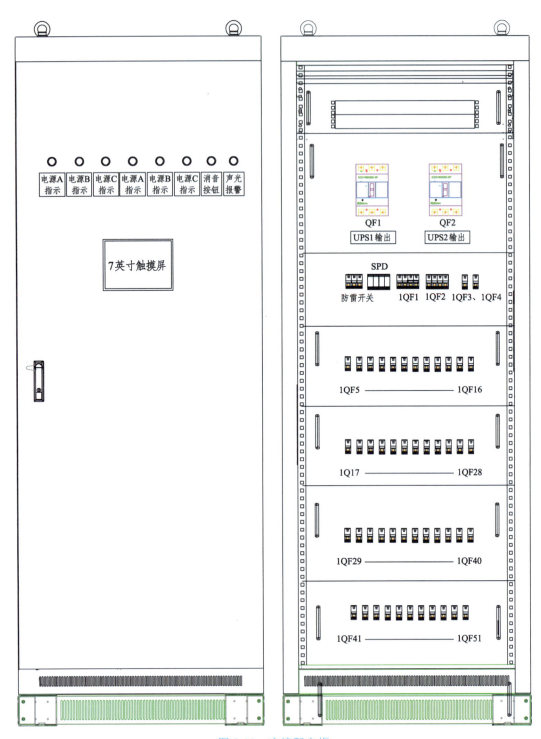

图 2-18　交流配电柜

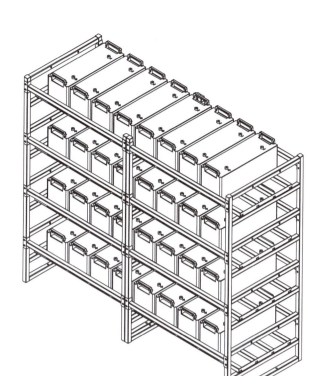

图 2-19　蓄电池组

实物图

电源系统安装实物图如图 2-20～图 2-23 所示。

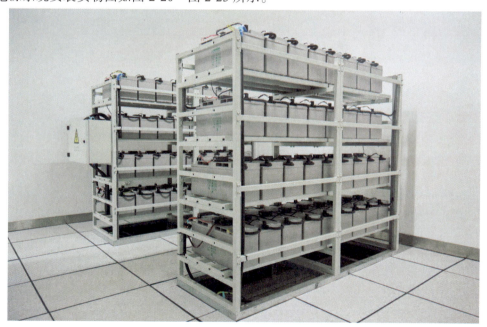

图 2-20　专用通信蓄电池组安装

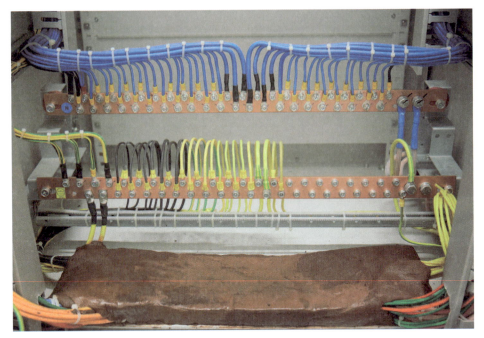

图 2-21 交流配电柜配线

图 2-22 交流配电柜配线

图 2-23　公安通信蓄电池组安装

2.6　接地线安装

工艺要求

（1）地线截面面积应符合设计要求。

（2）车站弱电接地极由车站结构施工单位设置移交，通信系统使用时采用截面面积不小于95 mm²的导线与之相连引至综合弱电机房地线排。

（3）其他分设地线盘可采用截面面积不小于50 mm²的导线引至综合弱电机房地线排。

（4）机柜内设置地线汇流铜排，柜内设备的外壳接地线接入本机柜地线汇流铜排，地线汇流铜排可采用截面面积不小于16 mm²的铜缆连接至地线排。

（5）地线排可安装在地板下或防静电地板上方100～150 mm处。

（6）各设备地线紧固后，贴好标签或挂牌标明去向、用途。

（7）室内设备地线连接后，应进行接地电阻测试，接地电阻不应大于1 Ω。

示意图

接地线安装示意图如图2-24所示。

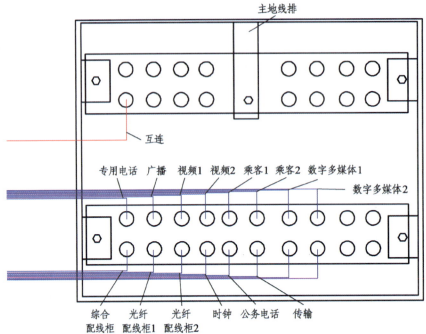

图 2-24　地线盘结构示意图

 实物图

接地线安装实物图如图 2-25 所示。

（a）

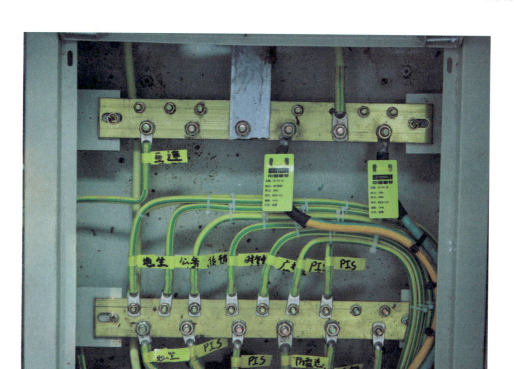

（b）

图 2-25　地线箱配线

2.7 综合配线柜

工艺要求

（1）网线进入配线架时，引入口应采取绝缘防护措施，根据出线顺序分层绑扎固定，绑扎间距均匀，避免交叉，网线数量较多时，可分设在机柜两侧。

（2）配线子架应与机柜接地体电气连通，采用屏蔽系统时，缆线金属线应与卡接端子或模块可靠连接。

（3）跳线插入 RJ45 插头后余长应自然成弧，方便插拔，弧度一致，其余线缆应收入理线架内。

（4）线缆标识粘贴位置一致，标明去向、用途。

（5）2 M 线缆应尽量短而整齐，进入 DDF 架前，应留有余量，长度一致。

（6）2 M 线缆应按顺序出线，布放顺直、整齐，无扭绞、交叉，绑扎均匀，间距一致，松紧适度，扎带头应剪齐并放在隐蔽处。

（7）2 M 线缆在成端处从线靶量出预留长度，按产品说明书开剥、装配、焊接制作 2 M 头，保证弯曲方向、弧度一致。

（8）用户电缆开剥位置采用热缩管保护；进入 VDF 卡接前做 8 字余留，卡接应采用专用卡接工具。

（9）音频配线架跳通后根据设计要求插接保安端子进行保护。

示意图

综合配线柜示意图如图 2-26 所示。

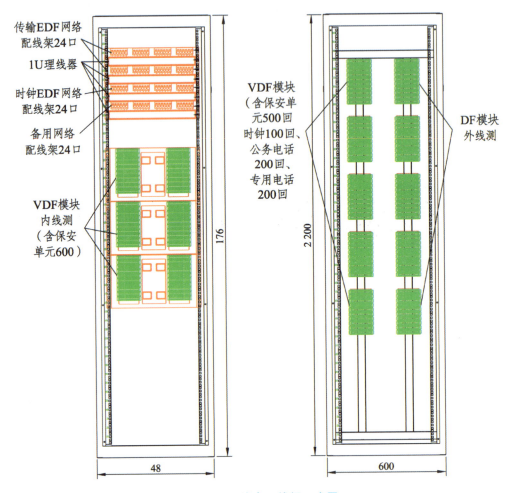

图 2-26　综合配线柜示意图

实物图

综合配线柜实物图如图 2-27、图 2-28 所示。

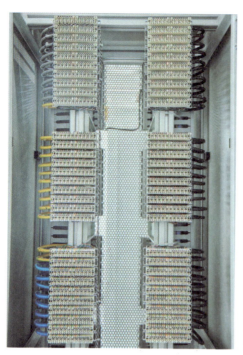

(a)

(b)

(c)

图 2-27　综合配线柜配线

图 2-28　数字配线柜配线

2.8　光纤配线架（ODF）

工艺要求

（1）光缆接入 ODF 架前在适当位置做余留，长度以 3～5 m 为宜，多条光缆同时引入时应长度一致，力求美观。

（2）光缆在固定架上的位置应与 ODF 子框的顺序一致，避免交叉。

（3）光缆采用卡箍固定在嵌缆扣上，加强芯伸入固定柱固定，且不得挤压光纤套管。

（4）光纤套保护管引入 ODF 子框成端，保护管弯曲适度，避免保护管在开剥位置折断松套管。

（5）收容盘内光纤余长不小于 800 mm，光纤接续后保护管按照色谱顺序在卡槽内固定。光纤盘留应逐根进行，顺直无翘曲，弯曲半径满足规范要求。

（6）跳纤敷设应自然顺直、无扭绞。跳纤应先经过贮纤盒，盘留多余长度。跳纤插入相应法兰后，光纤绑扎密度应以不妨碍其他跳纤操作为宜，间距一致，松紧适度。

示意图

ODF 示意图如图 2-29 所示。

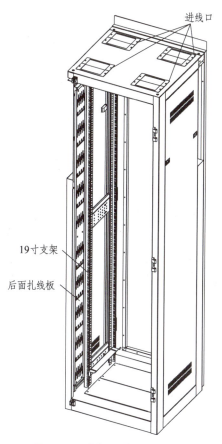

进线口

19寸支架

后面扎线板

图 2-29　光纤配线架示意图

实物图

ODF 实物图如图 2-30 ~ 图 2-32 所示。

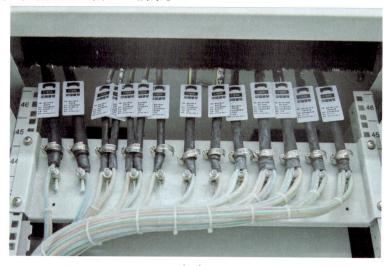

（a）

（b）

图 2-30　光纤配线架绑扎

图 2-31　光纤配线架跳纤

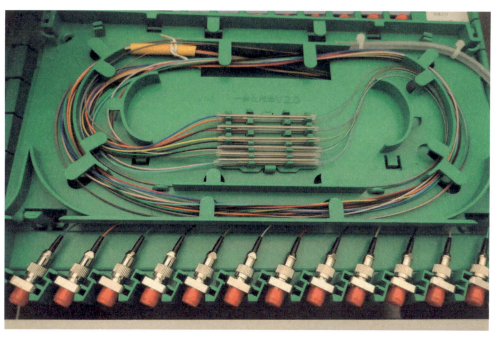

图 2-32　光缆熔接成端

三、车站安装

3.1 桥架安装

工艺要求

（1）电缆桥架的走向和安装位置以设计图为主，参照综合管线图进行安装；现场可根据实际情况进行适当调整，调整较大的须经设计确认。

（2）桥架吊架、支架安装应整齐牢固、间距均匀，水平安装间距符合设计图纸要求，在特殊区段吊架需加大或定做异型吊架，在桥架接头处、离开桥架两端出口 500 mm 处及转弯处应有支架或吊架；桥架垂直安装的，支架间距宜不大于 1 m。

（3）直线段电缆桥架长度超过 30 m、经过建筑物的变形缝（伸缩缝、沉降缝）时，应断开，安装专用变形缝接头。

（4）桥架安装应牢固、平整，水平度每米偏差不超过 2 mm；垂直安装的桥架要与地面保持垂直，垂直偏差度不超过 3 mm。桥架每 30 m 加设防晃支架。

（5）桥架节间拼接处应平整无缝隙，桥架切口处不应有卷边，表面应光洁、无毛刺；桥架与支架间螺栓、桥架连接板螺栓固定紧固无遗漏，螺母位于桥架外侧。桥架开孔处，采用护圈或胶条保护电缆。

（6）桥架间应保持电气连通、可靠接地；喷塑或喷涂防火材料桥架跨接端子须配爪型垫片，接地连接铜编织线宜安装在同一侧并不得遗漏，在机房内接入接地铜排。桥架和引入、引出的金属导管必须可靠接地。

（7）桥架起点在通信机械室内的直接接入通信地线盘；未从通信机械室引出的电缆桥架应采用 16 mm² 以上接地电缆引入通信机械室地线盘接地。

（8）光电缆桥架穿过楼板孔或墙洞处，应进行防火封堵。

示意图

桥架安装示意图如图 3-1 ~ 图 3-3 所示。

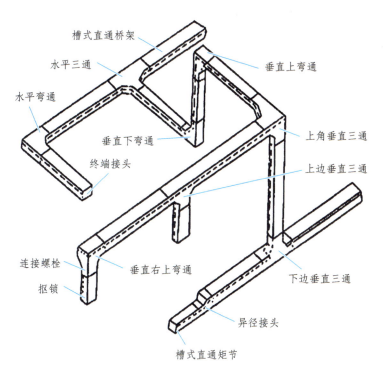

图 3-1   电缆桥架构成示意图

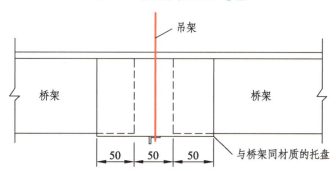

图 3-2   电缆桥架热膨胀补偿示意图

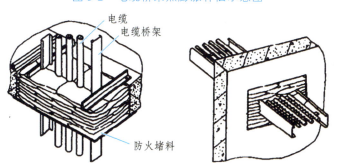

图 3-3   电缆桥架穿楼板（墙壁）示意图

实物图

桥架安装实物图如图 3-4～图 3-9 所示。

图 3-4　站厅桥架

图 3-5　夹层桥架

图 3-6 场段库内桥架

图 3-7 场段外部桥架

图 3-8　场段室内桥架

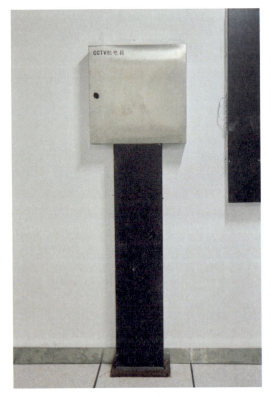

图 3-9　机房内桥架

3.2 天线器件安装

工艺要求

1. 馈线接头

（1）馈线切口处内外导体必须平滑，不起毛刺，馈线内外导体表面不能有凹陷，绝缘层表面和内导体不能残留任何金属碎屑。

（2）接头松紧适度，不应出现松动的情况。

（3）馈线切削处的内导体表面无划痕。

2. 无源器件的安装

（1）安装器件不能装反、装错。

（2）器件与接头连接时应松紧适度。

（3）器件摆放整齐，各个系统之间应分开固定，便于维护。

（4）跳线应圆滑、美观，跳线之间不应交错。

（5）桥架开孔距离器件两端 150～200 mm，开孔处设胶垫防护。

3. 天线安装

（1）专用、商用和公安无线天线的安装位置水平间距不小于 1 000 mm。

（2）封闭吊顶的天线固定在天花板上，并保持天线底板紧贴天花板表面。

（3）格栅吊顶的天线应整体外露。

（4）天线与跳线的接头应接触良好并作防水处理，接头附近馈线宜做"滴水弯"。

示意图

天线器件安装示意图如图 3-10 所示。

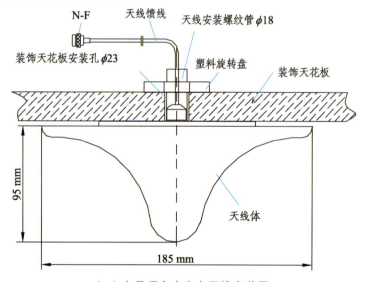

（a）有吊顶室内全向天线安装图

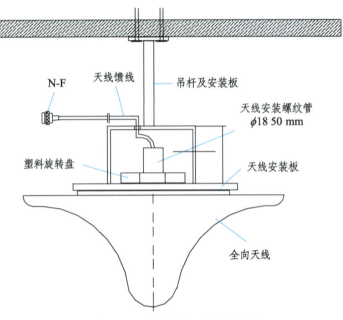

（b）无吊顶室内全向天线安装图

图 3-10　全向天线示意图

实物图

天线器件安装实物图如图 3-11～图 3-13 所示。

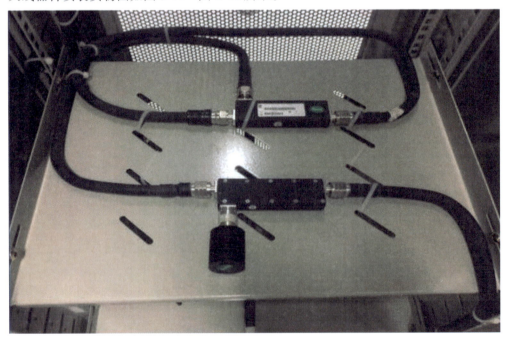

图 3-11　耦合器柜内安装

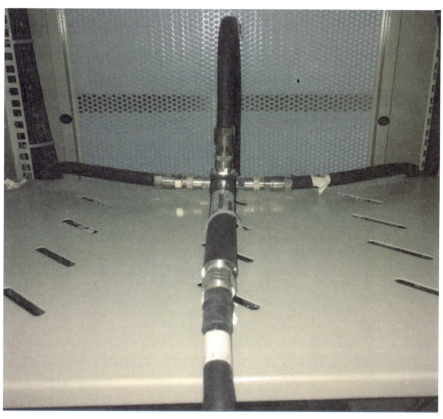

图 3-12　功分器柜内安装

（a）

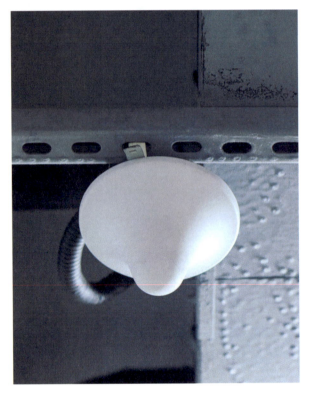

（b）

图 3-13　天线安装

3.3　摄像机安装

工艺要求

（1）摄像机的安装位置满足设计要求，可根据现场情况适当微调（一般为 500 mm 以内），避免遮挡摄像机视角。摄像机采用吊装、壁装、立柱安装方式。

（2）摄像机吊装支架上部分应装在吊顶上方，下部分伸出吊顶，需要装修专业配合开孔，格栅式吊顶支架从格栅的缝隙中伸出。在喷黑施工时，露出吊顶部分应采取保护措施，避免污染。

（3）室外视频摄像机立柱基础内应预留穿线管，待杆体调好垂直、摄像机安装配线完毕后，将地脚螺栓用水泥封好，并制作硬化面。视频杆应就近与接地体可靠连接，接地电阻满足设计要求。

（4）摄像机底端一般距离装修地面不小于 2.8 m。枪形摄像机、球形摄像机应整体露出装修面；半球形摄像机顶面应与装修面平齐。

（5）缆线、尾缆引入和引出时应采用保护管保护，并做防水封堵。云台摄像机控制线尾缆应留有余量，避免影响摄像机的转动。

示意图

摄像机安装示意图如图 3-14 所示。

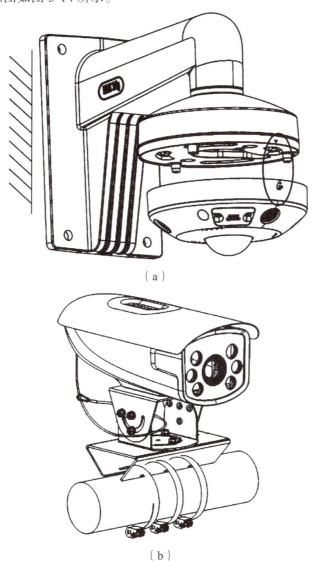

（a）

（b）

图 3-14　摄像机示意图

实物图

摄像机安装实物图如图 3-15 ~ 图 3-21 所示。

图 3-15　车站站厅人脸识别摄像机安装

图 3-16　场段枪形摄像机安装

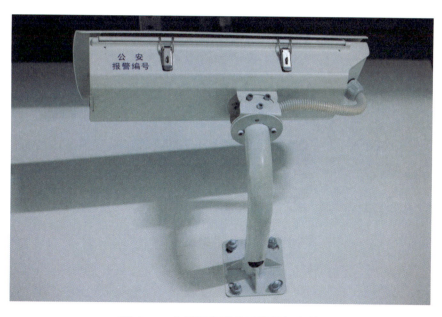

图 3-17 车站设备区枪形摄像机安装

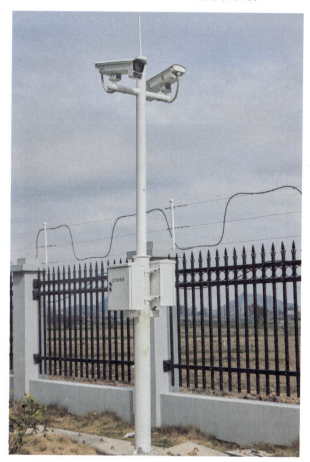

图 3-18 场段一杆双机摄像机安装

图 3-19　车站站厅半球形摄像机安装

图 3-20　线路区间枪形摄像机安装

（a）

（b）

图 3-21　场段球形摄像机安装

3.4　司机监视器安装

工艺要求

（1）司机监视器安装在列车停靠位，面对司机车门站台侧，根据工程设计可吊挂，在立柱或侧壁上固定，监视器底面距地面高度符合设计要求。

（2）监视器应正对或在车门侧前方，便于司机观察，中间无遮挡，避免强光源、炫光等情况影响观察效果。

示意图

司机监视器安装示意图如图 3-22 所示。

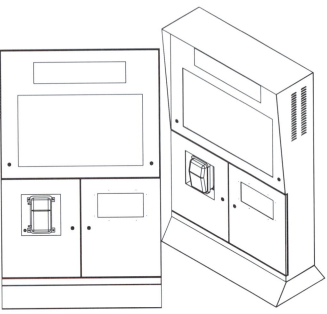

图 3-22　司机监视器示意图

实物图

司机监视器安装实物图如图 3-23、图 3-24 所示。

图 3-23　S1 线站台司机监视器

图 3-24　S2 线站台司机监视器

3.5 乘客信息系统（PIS）显示屏安装

工艺要求

（1）吊架安装采用不小于 M12 的膨胀螺栓固定，显示屏采用吊挂式或者壁挂式安装，站台屏箱底面距装修地面高度一般不低于 2.3 m。出入口显示屏应与出入口导向标志协调配合。显示屏应安装水平，固定牢固。

（2）前端控制设备（视频转换分配器和接入交换机等）安装在显示屏箱体内。

（3）设备线缆应从吊杆引入设备箱，外露部分应穿保护管保护。

（4）安装时，应尽量避免与其他设备产生遮挡；避免灯带与显示屏安装位置冲突，避免灯带的灯光对显示屏造成影响。

示意图

PIS 显示屏安装示意图如图 3-25 所示。

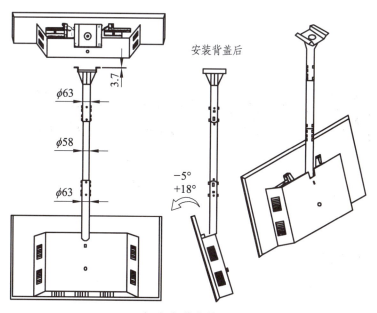

（a）安装背盖后

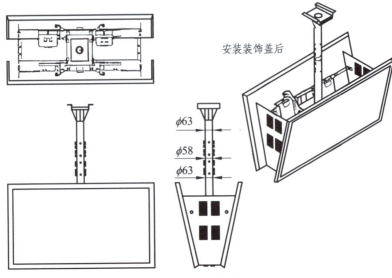

安装装饰盖后

$\phi63$

$\phi58$

$\phi63$

（b）安装装饰盖后

图 3-25 PIS 显示屏安装示意图

 实物图

PIS 显示屏安装实物图如图 3-26、图 3-27 所示。

（a）

（b）

图 3-26　站台 PIS 显示屏安装

图 3-27　出入口 LED 显示屏安装

3.6　广播安装

工艺要求

（1）吸顶安装时，天花开孔宜设在天花板的中间位置，保证观感质量。吊挂安装时，吊杆应安装牢固，扬声器距格栅吊顶约 100～200 mm。

（2）站台层上下行广播区扬声器宜采用奇偶跳接方式。

（3）扬声器引入线缆应穿金属软管保护，接头放置在接线盒内，做好防水处理。

（4）隧道内上引线缆采用线卡固定，间距宜为 300 mm。

（5）广播立柱应就近与接地体可靠连接，接地电阻满足设计要求。

示意图

广播安装示意图如图 3-28 ~ 图 3-30 所示。

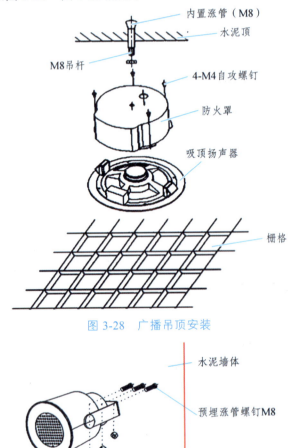

内置涨管（M8）
水泥顶
M8吊杆
4-M4自攻螺钉
防火罩
吸顶扬声器
栅格

图 3-28 广播吊顶安装

水泥墙体

预埋涨管螺钉M8

图 3-29 号筒扬声器安装

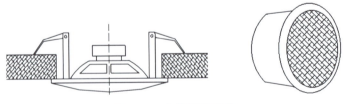

图 3-30 广播吸顶安装

实物图

广播安装实物图如图 3-31 ~ 图 3-34 所示。

图 3-31　车站站台音柱安装

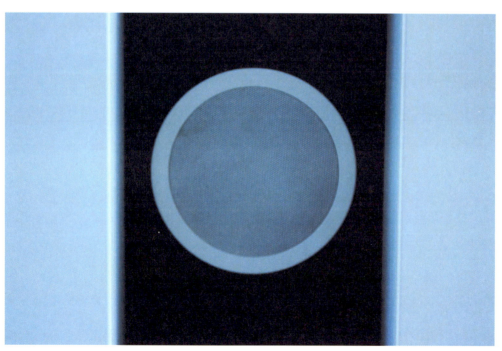

图 3-32　车站站厅吸顶扬声器安装

图 3-33　场段号筒扬声器安装

图 3-34　车站设备区壁挂扬声器安装

3.7　时钟安装

工艺要求

（1）无吊顶的房间，时钟底边一般距离装修地面 2.7 m；有吊顶的房间，时钟上沿一般距装修吊顶 200 mm。

（2）当吊顶为隔栅式或金属网时，尽量保证吊杆从格栅的缝隙中伸出；当吊顶为板式（无缝隙式）时，需在吊顶上开孔，时钟底边一般距离装修地面 2.8 m。

（3）库内时钟根据现场定制支架进行安装。

（4）时钟引入线缆应穿金属软管保护，接头放置在接线盒内，做好防水处理。

示意图

时钟安装示意图如图 3-35 ~ 图 3-37 所示。

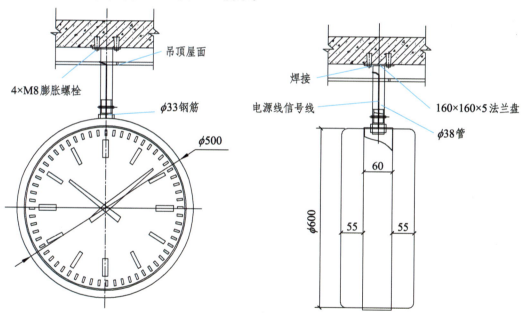

说明：M8 膨胀螺栓采用 ϕ14 钻头打孔，深 70，留线长度为 0.5 ~ 1 m。

图 3-35　指针式时钟示意图（吊装）

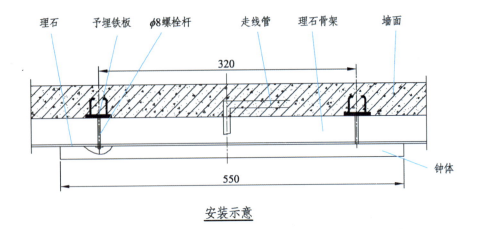

理石　予埋铁板　φ8螺栓杆　走线管　理石骨架　墙面

320

550

钟体

安装示意

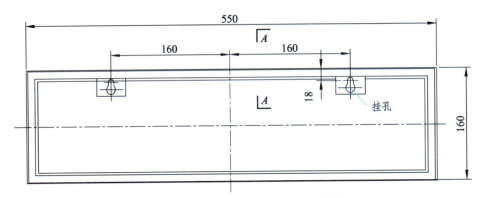

550

160　160

挂孔

18

160

图 3-36　单面数显式时钟示意图（壁装）

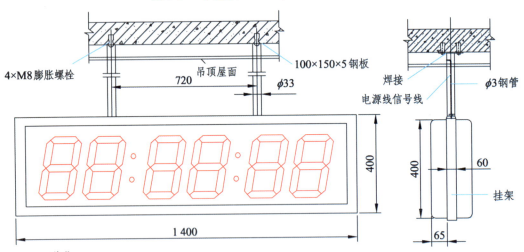

4×M8膨胀螺栓　　吊顶屋面　　100×150×5钢板　　焊接　　φ3钢管

720　　φ33　　电源线信号线

400

400　　60

挂架

1 400　　65

说明：
1. 吊杆要求现场制做，并有100长丝杆，以便安装吊架。
2. 留线长度为0.5~1 m。
3. M6膨胀螺栓用φ9钻头打孔，孔深50。

图 3-37　双面数显式时钟示意图（吊装）

实物图

时钟安装实物图如图 3-38 ~ 图 3-41 所示。

图 3-38　车站管理用房数字式时钟安装

图 3-39　车站站厅模拟时钟安装

图 3-40　场段库内单面数字式时钟

图 3-41　壁挂数字式时钟安装

3.8 周界告警设备安装

工艺要求

1. 对射终端

（1）激光/红外对射终端安装于车辆段外墙上，线缆采用钢管沿墙由就近人/手孔引入。

（2）激光/红外对射终端安装应垂直，高度落差应在设计规定范围内。

（3）激光/红外对射终端间距应在设计规定范围内，中间应无障碍物遮挡。

2. 围栏安装

（1）根据设计要求确定周界围栏角度和倾斜方向。

（2）将绝缘子固定在杆子上，围栏合金线间距 200 mm，合金线距墙顶为 200 mm。

（3）围栏合金线应采用分段安装的方式固定，同一条直线或同一防区建议分为一段。

（4）每个围栏控制器箱下必须打入两个接地体，接地系统应符合设计要求。

（5）"电子围栏 禁止攀登"警告标识牌用合金线固定在围栏上。

（6）避雷器的上端接最高的合金线，避雷器的下端接地桩，并要求避雷器的接地柱距离前端探测器的接地桩大于 10 m。

示意图

周界告警设备安装示意图如图 3-42、图 3-43 所示。

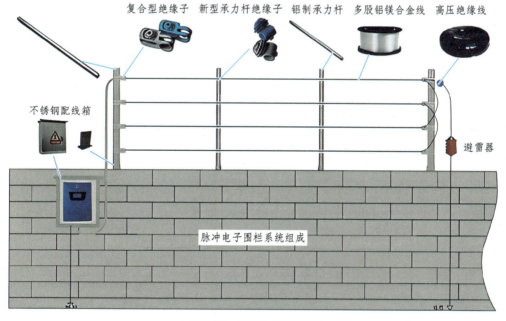

图 3-42 电子围栏示意图

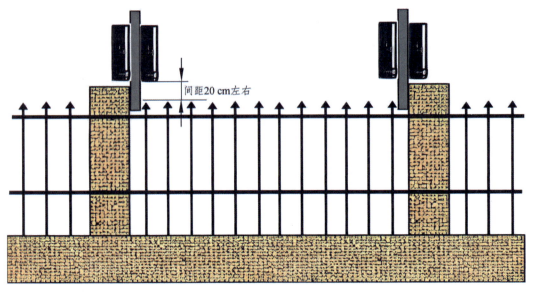

图 3-43　激光/红外对射示意图

实物图

周界告警设备安装实物图如图 3-44、图 3-45 所示。

（a）

（b）

图 3-44　场段振动光缆敷设

图 3-45　周界告警终端杆

四、安装效果图

系统安装完成后的场景如图 3-46 ~ 图 3-51 所示。

图 3-46　柜内设备安装

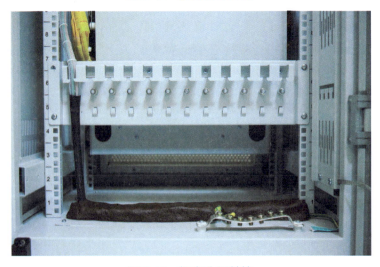

图 3-47　柜内孔洞封堵

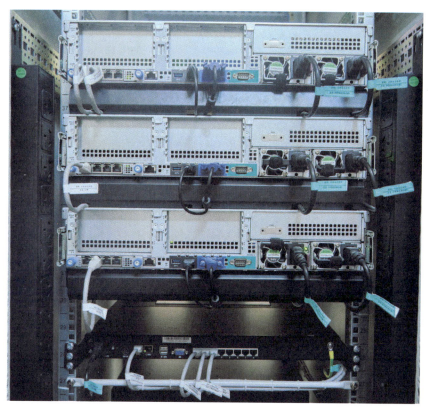

图 3-48　柜内设备安装

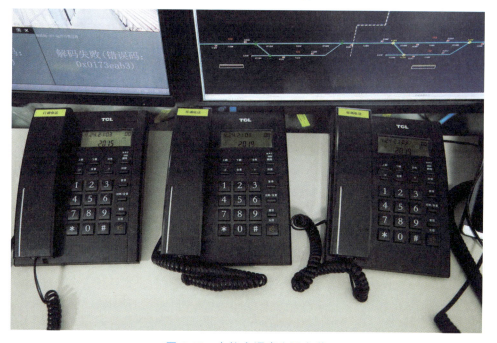

图 3-49　车控室调度电话安装

图 3-50　柜内设备安装

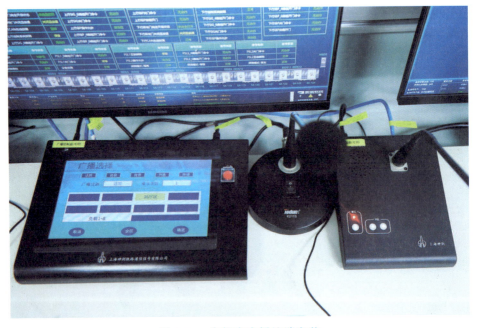

图 3-51　车控室广播终端安装

参考文献

[1] 中国建筑标准设计研究院.地铁工程机电设备系统重点施工工艺——通信信号系统[M].北京：中国计划出版社，2014.

[2] 中华人民共和国住房和城乡建设部.城市轨道交通信号工程施工质量验收规范[M]. 北京：中国计划出版社，2018.

[3] 中国城市轨道交通协会.城市轨道交通车地综合通信系统（LTE-M）设计、工程规范 第4部分：施工[M]. 北京：中国铁道出版社，2018.